AF226838

SÉRAPHIQUE DOLLEZ.

NOTICE BIOGRAPHIQUE

SUR

SÉRAPHIQUE DOLLEZ

ANCIEN PRÉSIDENT DE LA SOCIÉTÉ D'AGRICULTURE

DE L'ARRONDISSEMENT D'AVESNES.

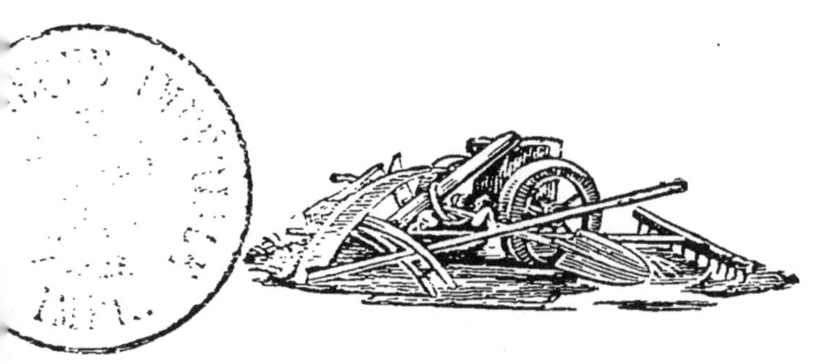

A AVESNES

IMPRIMERIE DE DUBOIS-VIROUX, ÉDITEUR.

1867.

NOTICE BIOGRAPHIQUE

SÉRAPHIQUE DOLLEZ

ANCIEN MÉDECIN EN CHEF DE L'ARMÉE DU NORD

MAIRE DE LANDRECIES

PRÉSIDENT DE LA SOCIÉTÉ D'AGRICULTURE DE L'ARRONDISSEMENT D'AVESNES

MEMBRE CORRESPONDANT DE LA SOCIÉTÉ D'ÉMULATION DE CAMBRAI.

I.

La vie de nos pères nous plaît et nous instruit toujours, surtout lorsqu'elle nous apparaît à une distance suffisante pour effacer les rivalités personnelles, mais pas assez éloignée cependant pour avoir éteint l'auréole de contemporanéité qui éclaire cette vie aux yeux de tous et la signale d'une manière particulière à notre intérêt : nous trouvons surtout à nous instruire, lorsque celui dont nous étudions la vie appartient à une de ces époques difficiles où chaque citoyen est appelé à jouer un rôle dans la vie publique. L'histoire particulière n'est plus alors qu'un épisode de l'histoire générale et la vie d'un homme se confond avec les annales de la cité ou de la profession.

C'est cette pensée qui nous a engagé à publier la biographie d'une personne qui fût mêlée, dans notre petite ville, à tous les événements de notre siècle, biographie écrite d'abord pour rester dans les archives de la famille avec l'intention de rappeler à nos enfants comment un de leurs ancêtres sut mériter la réputation d'homme de bien et de citoyen utile.

II.

Michel-Séraphique-Joseph Dollez naquit à Crèvecœur, près Cambrai, le 9 mars 1753, de Nicolas Dollez et de Marie-Michelle Boursier. Il fut baptisé le lendemain 10 mars et eut pour parrain Malapart, curé de Seraing, et pour marraine Thérèse Boursier, dame Simon, sa tante maternelle.

Son père (*), prévôt de l'abbaye de Vaucelles et fermier à Montécouvez (hameau de Crèvecœur), avait eu de sa première femme, Marie-Anne Duwez, huit enfants dont quatre moururent en bas-âge. Devenu veuf en 1745, à l'âge de 33 ans, il épousa, la même année, sa voisine, Marie-Michelle Boursier, fille de Jean, et de Catherine Milleville; il en eut huit autres enfants dont quatre ne vécurent également que peu de temps. Séraphique était le plus jeune de cette nombreuse famille qui comptait quatre garçons et quatre filles.

Lorsqu'il fut en âge d'apprendre à lire et à écrire, on l'envoya à l'école d'Aubencheul, village distant de Montécouvez de quatre kilomètres. Tous les jours, il s'y rendait portant, en hiver, la bûche qui devait lui faire accorder place au feu. L'enfant qui ne payait pas ce tribut était relégué au fond de la classe, près de la cloison qui séparait celle-ci de l'étable à porcs. Là, s'il souffrait du froid, il pouvait, en revanche, s'amuser avec les animaux qui venaient passer la tête à travers les planches mal jointes de la cloison, au grand scandale du maître et à la grande joie des élèves. Quelle différence avec les maisons d'écoles si commodes, si salubres, que possèdent maintenant nos moindres villages!

(*) Il existe encore dans la chapelle de Montécouvez une pierre sépulcrale portant l'inscription suivante se rapportant au grand-père et au père dudit Nicolas Dollez.

« Ici reposent les corps de Jacques Dolé sencié à Monte-couvé
» décédé le 27 de mars 1699 âgé de 73 ans et de Anne Quany sa
» famme scenciere dècedée le 2 de février 1694, âgée de 60 ans,
» et de Nicolas Dolé leur fils sencié décedé le..... et Marie-Agnès
» Lanthiez sa famme décédée le premier d'avril 1719 âgée de 43
» ans. Recui est cant in pace. »

Nicolas Dollez comprenait l'avantage de l'instruction, il ne se contentait pas pour ses fils du modeste savoir que l'on pouvait acquérir à l'école d'Aubencheul, il les envoyait ensuite au collége des Jésuites de Cambrai. Le jeune Séraphique y alla comme les autres et y apprit le latin.

A l'âge de seize ans, il retourna à la maison paternelle. Ses deux frères aînés s'étaient fait Bénédictins, le troisième, Henry-Charles, se livrait à la culture, il fit comme lui et, pendant neuf ans, tous deux secondèrent leurs parents dans la direction de la ferme. C'est alors que Séraphique apprit par la pratique les premières notions de la science agricole à laquelle il consacra une grande partie de sa vie et de son intelligence. Henry-Charles s'étant marié avec une femme qui lui apportait une fortune considérable pour l'époque et ayant repris pour lui seul l'exploitation de Montécouvez. Séraphique se retira avec ses parents dans une petite ferme à Villers-Outréaux ; mais, n'y trouvant pas l'occupation nécessaire à son activité, il résolut de mettre à profit ses premières études pour embrasser la carrière médicale ; il avait alors vingt-six ans.

Il alla à Douai compléter ses humanités qu'il termina en dix-huit mois. Le 17 novembre 1780, il fut reçu licencié en arts libéraux et en philosophie par la Faculté des arts de Douai, et le 22 février 1782 licencié en médecine par la Faculté de médecine de la même ville.

A peine reçu, il prit part au concours ouvert à la même Faculté pour la chaire de clinique. Son concurrent était Taranger, qui fut plus tard recteur de l'Académie de Douai. Après trois épreuves brillantes et longuement disputées, Taranger fut nommé. Par suite de ce concours, il s'établit entre les deux émules des relations d'estime et d'amitié qui durèrent toute leur vie.

III.

Forcé de chercher une autre direction, Dollez entra dans la médécine militaire ; il fut nommé, en novembre 1782, médecin-surnuméraire à l'hôpital de Lille, puis le 25 juin suivant médecin-titulaire à l'hôpital de Landrecies. Bien que la garnison de cette ville fut plus considérable alors qu'elle ne l'est de nos jours (il y avait un régiment suisse) et que l'on évacuât sur Landrecies les malades du Quesnoy, Dollez avait encore de nombreux loisirs. En attendant qu'il pût se faire une clientèle civile, il s'occupa de sciences et se mit en rapport avec le savant agronome Tessier. Après l'orage du 13 juillet 1788 (*), qui étendit ses ravages sur une grande partie de la France, il lui envoya, sur sa demande, des renseignements sur la marche du météore et sur les pertes matérielles qu'il avait produites dans les environs de Landrecies. Ce fut le début de ses travaux de météorologie. Il fut aussi l'auteur d'un projet de séchoir, publié dans l'Encyclopédie dont Tessier était un des rédacteurs.

IV.

Dollez ne tarda pas à être détourné de ses études scientifiques par les événements politiques. Son activité, son intelligence, son dévouement lui avaient conquis l'estime et l'affection de ses nouveaux concitoyens et il était désigné pour toutes les missions difficiles. Peu après l'organisation des municipalités, il fut nommé officier municipal (14 no-

---

(*) Il est à remarquer que l'épouvantable orage du 17 juillet 1865 ne fut pas le premier qui ravagea Landrecies et ses environs. L'orage du 13 juillet 1788 fut plus terrible encore par sa durée (il régna pendant deux heures une obscurité profonde), et par la force des grêlons qui atteignirent le volume d'une grosse noix. Toutes les vitres furent brisées, les ardoises cassées, des toits furent enlevés, des arbres renversés. La forêt de Mormal eut particulièrement à souffrir de cette tempête, qui suivit la rive gauche de la Sambre en passant au-dessus de Fontaine, Preux, Locquignol, etc.

Un autre orage, également désastreux, eut lieu en septembre 1796 dans les environs de Landrecies ; il se dirigea sur la rive droite de la Sambre vers Prisches, Cartignies, Beaurepaire. C'est presque la marche de l'orage de 1865.

rembre 1790) et délégué aussitôt pour aller au département demander à ce que Landrecies fut choisie comme chef-lieu de district. N'ayant pu réussir dans cette mission, il déposa son écharpe. Il continua cependant à siéger quelque temps comme notable au conseil général de la commune. En 1792, voyant que ses opinions libérales, mais modérées, n'étaient plus en rapport avec la marche des événements, il se retira de l'administration, toutefois il ne renonça pas à la politique et resta président de la société populaire.

Les circonstances étaient plus critiques que jamais pour Landrecies et pour la France entière.

A l'intérieur, la Vendée était en armes; la Normandie, Bordeaux, Lyon, Marseille, s'étaient soulevées à la voix des députés girondins; Toulon venait d'être livrée aux Anglais. Partout on criait à la trahison. Les généraux de l'armée du Nord, Custine et Houchard, étaient destitués et allaient payer de leur tête le peu de succès de la campagne.

La prise de Valenciennes (28 juillet 1793) venait d'ouvrir aux armées alliées l'entrée du Hainaut français : elles s'établirent dans la forêt de Mormal et des bandes de hulans parurent aux environs de Landrecies où l'on dût se mettre en mesure de soutenir un siége. Le 11 septembre, Le Quesnoy tombait au pouvoir de l'ennemi et Maubeuge était bloquée.

Les émigrés, campés à Chimay à la suite des Autrichiens, cherchaient à établir des intelligences avec les fonctionnaires et les personnes influentes de Landrecies ou des communes voisines. Ils échouèrent généralement devant le patriotisme des populations. Mais malheur à celui qui était soupçonné d'avoir prêté l'oreille à ces propositions. Tout suspect était jeté en prison, et de la prison à la mort, il n'y avait qu'un pas.

M. Bracq, cultivateur à Robersart, homme que la loyauté bien connue de son caractère devait mettre à l'abri de tout soupçon, fut dénoncé comme ayant des intelligences avec l'ennemi. Dollez apprend qu'on va le faire arrêter ; il monte à cheval, se fait ouvrir les portes de la ville sous prétexte d'aller visiter les blessés des avant-postes, il court à fond de train prévenir M. Bracq. Celui-ci se sauva immédiatement et il était temps, car en revenant son ami rencontra le piquet de cavalerie chargé de l'arrestation.

V.

C'est à ce moment que Bouchotte, ministre de la guerre, envoya pour commander la place de Landrecies une de ses créatures, le commandant Courtois, officier de l'ancien régime, qui voulait se faire pardonner son origine en feignant le patriotisme le plus exalté. Il n'était pas de quarante-huit heures dans la ville que la mésintelligence se mit entre lui et la municipalité. Les habitants soupçonnaient Courtois de trahison, ils lui reprochaient de démoraliser la garnison et de ne prendre aucune mesure de défense. De son côté, Courtois accusait d'incivisme la municipalité et la société populaire. Celle-ci crut devoir envoyer à Paris deux de ses membres, Lejeune et Delsarte, garde-général de la forêt de Mormal, pour se disculper de ses fausses imputations. Décidé à briser la résistance qu'il rencontrait, Courtois excita trois sans-culottes à dénoncer la municipalité et le conseil général de la commune, sous prétexte que l'on n'avait pas effacé complètement les fleurs de lys qui couvraient anciennement la tapisserie de l'hôtel-de-ville.

On arrêta ces deux corps et on les conduisit dans une maison de détention à Soissons, Courtois alla ensuite trouver le représentant du peuple et fit nommer une municipalité où entrèrent les trois dénonciateurs.

Mais la société populaire, présidée par Dollez, ne se laissa pas abattre, elle chassa Courtois de son sein et résolût d'envoyer une nouvelle députation à Paris pour réclamer à la Convention la mise en liberté des membres de l'ancienne municipalité. Dollez fut désigné à l'unanimité pour se joindre aux deux membres de la députation précédente qui se trouvaient encore à Paris. Il refusa d'abord cette mission en faisant observer, qu'étant médecin militaire, il ne pouvait s'absenter surtout au moment où l'ennemi était aux portes sans un ordre du commissaire des guerres. Celui-ci fut appelé à la séance et donna l'autorisation nécessaire. Dollez, n'ayant plus rien à objecter, accepta. Il ne se dissimulait cependant pas les difficultés et les périls de sa mission. La mort de Marie-Antoinette venait d'inaugurer le régime de la Terreur; il savait que Courtois jouissait d'une certaine influence auprès de la société des Jacobins et qu'il était puissamment soutenu par le ministre de la guerre. Il avait aussi à craindre que la nouvelle municipalité de Landrecies ne cherchât à arrêter ou au moins à paralyser la manifestation de la société populaire.

Dollez alla au-devant de ce premier péril, il se rendit au conseil de la commune, lui fit part de sa nomination par la société populaire et le pria de lui adjoindre un de ses membres pour donner plus d'importance à sa mission ; la majorité du conseil était composée d'hommes sages qui regrettaient les violences exercées envers leurs concitoyens ; ils accédèrent à sa demande et désignèrent pour l'accompagner Quesnot, patriote ardent, homme franc, loyal, estimé de tous. Ils partirent, bravant Courtois qui avait menacé Dollez de le faire arrêter lorsqu'il passerait aux avant-postes et de le faire jeter dans un *cul de basse-fosse* d'où il ne sortirait que pour marcher à la guillotine.

Arrivés à Paris, ils allèrent trouver un conventionnel, leur compatriote Cochet, de Câtillon, qui les mena dîner à sa pension où prenaient également leurs repas une cinquantaine de ses collègues. Grâce à cet appui, ils obtinrent d'être admis à présenter leur pétition à la Convention. Ils insinuaient que la malveillance de Courtois avait pour but d'éloigner les meilleurs patriotes de Landrecies, pour écarter la surveillance et pouvoir vendre la ville aux Autrichiens qui campaient sur la rive gauche de la Sambre. Ils furent écoutés avec attention et le président leur répondit : « Citoyens, si votre patriotisme répond à la pétition que » vous venez de nous présenter, vous êtes dignes du nom » de citoyens français ; la Convention nationale vous invite » aux honneurs de la séance, votre pétition sera remise aux » comités de salut public et de sûreté générale réunis. »

Dollez et ses compatriotes restèrent encore quelques jours à Paris pour suivre l'affaire et donner des renseignements au député Lacoste, qui devait faire le rapport sur leur pétition. Un incident imprévu vint hâter le dénoûment.

VI.

Jourdan, simple chef de bataillon au commencement de 1793, avait succédé à Houchard dans le commandement en chef de l'armée du Nord. Vainqueur de Cobourg à Wattignies (16 octobre 1793), il avait fait lever le blocus de Maubeuge ; mais il ne put continuer ses succès, les armées étaient épuisées, ils prirent leurs quartiers d'hiver, les Français sur la rive droite, les Autrichiens sur la rive gauche de la Sambre. Ces derniers maîtres de la forêt de Mormal et du bois de Fontaine, envoyaient des reconnaissances jusque sous les murs de Landrecies.

Dans une de ces alertes, le 9 frimaire (30 novembre), ils repoussèrent les troupes que Courtois leur avait opposées et pénétrèrent jusque sur les palissades de la fortification de la ville basse. Peut-être seraient-ils allés plus loin si Jourdan qui, ce jour-là, visitait les avant-postes établis entre Maroilles et Landrecies, n'eut entendu la fusillade. Il arriva à la hâte, trouva Courtois courant les rues l'épée à la main, invectivant les bourgeois, et ne donnant aucun ordre aux militaires. Jourdan pousse en avant avec son escorte, un bataillon de la garnison et quelques citoyens de bonne volonté, rejette l'ennemi, puis vient faire une enquête sur les événements.

La conduite de Courtois lui parut si voisine de la trahison qu'il le destitua et l'envoya à Avesnes avec l'intention de le traduire devant une commission militaire. Lorsque ses papiers furent examinés, on y trouva une correspondance suivie contre la vie et la liberté des principaux habitants et bientôt on fut sur la trace d'un complot qui se tramait depuis quelque temps et qui avait pour objet de livrer la ville pour 160,000 fr.

La députation landrecienne, qui était à Paris, fut avertie aussitôt de la destitution de Courtois ; elle fit de nouvelles démarches pour presser la terminaison de l'affaire ; enfin le 27 frimaire (16 décembre), la Convention, adoptant les conclusions du rapport, décréta que la municipalité de Landrecies et le conseil général de la commune avaient été injustement détenus, que la liberté leur serait rendue, qu'il leur serait accordé à chacun 600 fr. de dédommagement, qu'eux et la société populaire étaient réintégrés dans la confiance et l'estime de la Convention.

Dollez et ses compagnons voulurent aller eux-mêmes veiller à l'exécution de ce décret ; ils se rendirent à Soissons, firent mettre leurs concitoyens en liberté et revinrent avec eux à Landrecies, où ils furent reçus aux acclamations de la population.

Les personnes qui avaient été incarcérées à Soissons étaient :

Dumay, marchand de draps, maire ;

Crinon-Largillière, pharmacien ;

Crinon-Boussu, directeur de poste ;

Grumiaux, cultivateur à Happegarde ;

Beuvry, cultivateur aux Etoquies ;

Volpelière, marchand de draps ;

Guedée, receveur de l'enregistrement ;

Laurent-Gosselet, cultivateur à la Folie ;

Landron, marchand épicier ;
Contamine, avocat ;
Jean-Baptiste Meurant, cultivateur ;
Joseph Prosper ;
Duquesnes, cultivateur et cabaretier ;
Gobled, orfèvre ;
Porée, cultivateur ;
Debève, cultivateur, porte de France ;
Antoine Bailleul.

VII.

Trois mois après la rentrée de Dollez à Landrecies, le 19 avril 1794, la ville fut complètement cernée et le lendemain le bombardement commença.

Dollez venait d'acheter et de faire arranger une maison située contre le rempart. Prévoyant que les souterrains de fortification seraient trop petits pour contenir les habitants (à l'approche de l'ennemi une partie de la population des hameaux et des villages voisins s'était réfugiée en ville), il fit creuser secrètement une cave dans le rempart et il put y offrir un asile à plusieurs familles et en particulier à celle de M. Delsarte, l'un de ses compagnons de voyage à Paris. L'événement montra combien était sage cette précaution. Pour suppléer à l'exiguité des souterrains, on avait fait construire le long des remparts des refuges blindés, presque tous furent écrasés sous les bombes et un grand nombre de personnes y périrent.

Pendant la durée du siége, Dollez se consacra tout entier aux devoirs de sa profession et l'occupation ne lui manqua pas. On sait combien fut terrible pour Landrecies le siége de 1794 ; la ville fut entièrement détruite et un grand nombre de citoyens furent tués. Les habitants de Landrecies déployèrent un courage héroïque. Si la garnison les avait secondés, ils se seraient défendus jusqu'à la dernière extré-

mité, mais les soldats étaient encore sous l'influence démo-
ralisatrice qu'avait exercée sur eux le commandant Courtois.
Son successeur, le général Rouland, manquait d'énergie. Il
y eût une espèce d'insurrection militaire, Rouland, effrayé
et circonvenu de toutes parts, signa la capitulation, malgré
la municipalité, (le 11 floréal, an II, 30 avril 1794).

Après l'entrée de l'armée alliée, Dollez crut pouvoir intervenir auprès du commandant de la place pour réclamer
en faveur des habitants. Malheureusement, il oublia qu'il
avait à faire à un archiduc et, l'ayant interpellé du nom de
citoyen, il fut immédiatement et brutalement congédié.

Du reste, il ne prolongea pas son séjour à Landrecies. Le
10 avril 1792, il avait reçu son brevet de médecin de l'armée
du Nord ; c'est en cette qualité qu'il était resté à l'hôpital
de Landrecies. Cette ville ayant cessé d'être française, son
devoir l'appelait à l'armée ; il alla se mettre à la disposition
de l'autorité militaire.

La prise de Landrecies fut le dernier succès des Autrichiens. L'armée de Sambre-et-Meuse, nouvellement créée
et placée sous les ordres de Jourdan, s'empara de Charleroy,
culbuta les Autrichiens à Fleurus, et le onze juillet entra à
Bruxelles. Huit jours après, 29 messidor an II, Landrecies
retombait au pouvoir des Français. Dollez y revint avec eux
et rentra au conseil de la commune lorsque la révolution
du 9 thermidor eut mis un terme au règne de la Terreur.

VIII.

Après la conquête de la Belgique, les hôpitaux dûrent
suivre l'armée.

Le 16 brumaire an III (6 novembre 1794), Dollez fut en-
voyé à l'hôpital de Vilworde. Il désirait revenir au plus tôt
à Landrecies où l'appelaient ses intérêts et ses affections.
Pendant le siége, il avait remarqué une jeune personne de
Landrecies, Mlle Alexandrine Bailleul, et il attendait impa-

tiemment que les circonstances lui permissent de l'épouser. Ce fut donc bien à regret qu'il se vit appelé aux hautes fonctions de médecin en chef de l'armée du Nord.

La Hollande et toute la rive gauche du Rhin étaient tombés aux mains des Français. Jourdan se préparait à passer le fleuve; il était urgent d'assurer le service médical de l'armée et, sous ce rapport, il y avait d'importantes réformes à faire.

Au moment où la France entière volait aux frontières pour la défense de la République, on avait mis en réquisition tous les médecins ou même les élèves en médecine, sans distinction de savants ou d'ignorants, arrachant les uns à leur clientèle, à leur famille, les autres à leurs études ; puis, au moment de la Terreur, l'affectation de sentiments exaltés était devenue pour les ambitieux un moyen d'obtenir les premières places. Les hommes plus modestes, et souvent plus capables, étaient relégués dans des positions où la vie devenait des plus pénibles. Les appointements étaient payés en assignats qui n'avaient plus cours. Dans certains endroits, les hôpitaux étaient trop petits, encombrés, mal disposés. Les médicaments les plus utiles faisaient souvent défaut. A l'hôpital de Middlebourg, on ne pouvait se procurer de vin ni de laudanum : les officiers du service de santé, épuisés de fatigue, tombaient malades et leurs collègues étaient obligés de faire double besogne. Dans d'autres localités, au contraire, les médecins étaient trop nombreux par rapport aux malades.

Lorsque le patriotisme ne fut plus exalté par le danger de la France, beaucoup de médecins demandèrent à rentrer chez eux. Le conseil de santé jugeait bien que leur nombre était trop considérable, mais il voulait que l'on fit un choix judicieux en conservant les hommes capables et en renvoyant dans leurs foyers ceux qui n'étaient pas à la hauteur de leur mission. C'est pour accomplir ce travail, qui exigeait un jugement sûr et une grande impartialité, que le conseil de santé fit choix de Dollez. Les termes dans lesquels on lui annonçait sa nomination sont des plus flatteurs.

« 29 florial an III.

» Le conseil de santé des armées au citoyen Dollez,
» médecin de l'armée du Nord.

» Nous connaissons, citoyen, toute la justice de la de-
» mande que vous formez, nous connaissons vos droits et
» vos sacrifices, mais l'opinion que nous avons de votre
» patriotisme nous persuade que vous vous porterez encore
» avec empressement à la nouvelle preuve de zèle que nous
» vous demandons.

» Le citoyen Marchand a besoin d'un congé de deux mois,
» en appuyant la demande, nous vous proposons au comité
» de salut public pour remplacer ce premier médecin pen-
» dant son absence. Si, comme nous n'en doutons pas, le
» comité de salut public adopte cette proposition, qui nous
» paraît essentielle avec le bien du service, nous vous
» prions d'ajouter encore ce titre à tant d'autres que vous
« vous êtes acquis à l'estime de vos concitoyens. Vous êtes
» assez modeste pour ne pas demander d'autres témoignages
» de reconnaissance que la faculté d'aller continuer à Lan-
» drecies tout le bien que vous avez l'habitude d'y faire.
» Vos vœux seront comblés.

» Salut et fraternité.
» CABANIS, RUFIN, BAYEN, CORTE, HEURTELOUP,
» LORENT, PELLETIER, VERGER, PARMENTIER,
» BINON. »

Le comité de salut public ratifia le choix du conseil de santé par un arrêté en date du même jour.

IX.

Les instructions que le conseil envoya à Dollez indiquent parfaitement l'étendue et l'importance de la mission qui lui était confiée.

« 25 prairial an III.

» Le conseil de santé au citoyen Dollez, médecin en chef
» par intérim de l'armée du Nord (extérieur).

» La mesure de lever de simples réquisitions dont nous
» vous parlions, citoyen collègue, devient d'autant plus
» nécessaire que, quoique nous n'ayons pu encore obtenir
» d'état en règle des officiers de santé attachés à votre ar-
» mée, nous découvrons de jour en jour, par une corres-
» pondance quelquefois indiscrète, des hommes qui ne pa-
» raissent nullement faits pour les places qu'ils remplissent.

» Il est donc bien essentiel que vous vous occupiez, vos
» collaborateurs et vous, du tableau dont nous avons besoin
» pour éclairer le gouvernement sur le danger de laisser
» plus longtemps des fonctions importantes à des mains
» inhabiles. Non-seulement nous serions coupables de con-
» fier la santé, c'est-à-dire souvent la vie de nos frères
» d'armes à des officiers de santé qui seraient indignes d'un
» dépôt aussi sacré, mais nous devons encore, dans les
» postes avancés et dans les pays conquis, pousser l'atten-
» tion jusqu'à n'y placer que des hommes parfaitement
» ostensibles et propres à honorer leur nation. Or, des mé-
» decins qui ne savent, ni la langue de leur patrie, ni la
» langue de leur art, ne peuvent que compromettre la ré-
» putation de l'une et de l'autre.

» Les conditions qui promurent aux grades, sous le règne
» du terrorisme, ne peuvent plus être celles qui engageront
» le conseil de santé à proposer des confirmations au comité
» de salut public, il est temps de supprimer l'ivraie du bon
» grain.

» Combien nous aurions à rougir si la lettre écrite de
» Groningue, le 1er de ce mois, par Côme-Damien Rist, qui
» s'intitule médecin attaché à l'hôpital militaire de cette
» place, tombait en des mains étrangères ! Voyez au plus tôt,
» citoyen collègue, quelle est l'autorité qui a confié un

» poste de médecin à ce citoyen Rist et d'après quelle
» preuve de capacité il a pu être admis à un service qu'il
» ne paraît pas fait pour remplir.

» Accélérez, cher collègue, l'épuration qui dépend de
» vous, mettez-nous bien vite en état de faire prononcer sur
» les autres licenciements.

» Salut et fraternité.

» PARMENTIER, HEURTELOUP, CORTE, VERGER,
» LEPREUX, BAYEN, SAUCEROTTE. »

Une autre lettre, adressée à Demarquoy, adjoint de Marchand, et qui devait rester en la même qualité auprès de Dollez, est plus significative encore pour montrer l'état déplorable dans lequel se trouvait alors le service de santé.

» Paris, 28 prairial an 3ᵉ de la République française.

» *Le conseil de santé au citoyen Demarquoy, médecin*
» *adjoint provisoire de l'armée du Nord, à Utrech.*

» C'est un peu tard, citoyen, que vous avez avisé le con-
» seil de santé de la mission qui vous a été confiée; nos
» reproches n'ont pu tomber que sur ce délai. Nous aime-
» rons toujours à rendre justice au zèle que vous avez mon-
» tré dans l'exercice de ces fonctions ; mais, pour y parve-
» nir, nous avions et nous avons encore besoin de connaître
» le détail des observations qu'elles vous ont mis dans le
» cas de faire.

» Vous nous adressez un état approximatif des hôpitaux
» de la Hollande, du nombre des malades qui s'y trouvent
» et de celui des médecins qui leur donnent des soins. Ce
» n'est pas sans surprise que nous remarquons 3 médecins
» à Bois-le-Duc pour 106 malades, 2 à Groningue pour 70,
» tandis qu'un seul en a 200 à Lewarden ; que 120 malades
» à Arnheim n'ont pas de médecin, tandis que vous en avez
» laissé un à Gorcum, un à La Haye et un autre à Middle-
» bourg, où il ne se trouve pas de malades.

2

» Cette répartition nous parait contre toutes les règles de
» la sagesse : nous allons inviter le médecin en chef par
» intérim à se concerter avec vous pour qu'il soit fait une
» nouvelle distribution des médecins plus conforme aux
» besoins de chaque localité.

» En total, vous avez raison de remarquer que leur nom-
» bre est beaucoup trop grand en Hollande. En effet, 1,800
» malades ne comportent pas 29 médecins. Mais lorsque
» nous avons attendu de vous l'état de vos collaborateurs,
» ce n'était pas une liste purement nominale. Nous eussions
» désiré des notes et renseignements sur l'âge, les services
» et la nature des titres de chacun, car, dans les 29 officiers
» de santé dont vous envoyez les noms, il y en a huit qui
» nous sont inconnus.

» Vous trouverez dans votre nouveau chef provisoire, le
» citoyen Dollez, un officier de santé dont le zèle et l'expé-
» rience donneront au service et à la correspondance une
» impulsion d'activité qu'il est nécessaire de rétablir.

» Salut et fraternité.

» *Le secrétaire du conseil de santé,*

» VERGER. »

Dans le travail si délicat qui lui était confié, Dollez sût
se concilier l'estime de la plupart de ses subordonnés et
l'affection des membres du conseil de santé, qui presque
tous sont devenus ses amis.

Il s'appliqua à rendre à leur famille ceux qui en étaient
le soutien et à éloigner de l'armée les hommes dont la mo-
ralité lui paraissait douteuse.

Sa position était d'autant plus difficile qu'il n'avait été
nommé que temporairement et par intérim. Marchand, auquel le congé avait été imposé, cherchait à conserver sa
suprématie et le conseil de santé dût intervenir pour em-
pêcher son immixtion dans les affaires. Il invita officielle-
ment le citoyen Marchand « à employer tout le temps de son

congé *au rétablissement de ses forces.* » Une autre compli-
cation se présenta. A l'insu du conseil de santé, le comité
de salut public éleva le médecin Mollet au grade de premier
médecin de l'armée du Nord. Le conseil dût encore empê-
cher que Mollet n'étendit la main sur les prérogatives de
l'homme de son choix.

Dollez suivit le quartier-général de Bruxelles à La Haye.

Ayant terminé le travail que l'on avait réclamé de son
patriotisme, il demanda avec plus d'instances que jamais à
revenir à Landrecies, exposant qu'il avait contracté la fièvre
dans les hôpitaux et qu'il avait besoin de repos pour sa
santé. Il obtint enfin la modeste récompense qu'il sollicitait
et un arrêté du comité de salut public du 2 brumaire an IV
(24 octobre 1795) lui permettait de rentrer dans sa chère
ville de Landrecies, qu'il ne devait plus quitter.

X.

Peu de jours après son retour, Dollez reprenait sa place
au conseil de la commune. On voit son nom figurer dans
une délibération du 2 frimaire an IV (23 novembre 1795).

Le 2 mai 1796, il épousa à Bavay Alexandrine-Joseph
Bailleul, âgée de 19 ans; il en avait alors 42.

A son mariage se rattache une anecdote qui montre sa
présence d'esprit.

Les prêtres étaient encore hors la loi et poursuivis partout
par les dénonciateurs et les agents de la force publique;
cependant les populations ne pouvaient s'habituer à voir
leurs actes de la vie privée dépourvus de la sanction reli-
gieuse. Des prêtres, bravant la mort avec le courage du
missionnaire et souvent avec une fanfaronnade toute française, se cachaient dans les campagnes et couraient de tous
côtés, baptisant les nouveaux-nés, confessant les malades et
disant la messe dans quelques greniers. Séraphique Dollez
et Alexandrine Bailleul prièrent l'un d'eux, M. Lecomte.

qui fu‘ plus tard vicaire de Landrecies, de venir bénir leur union. La cérémonie allait être terminée, lorsqu'on annonce l'arrivée des gendarmes. (M. Lecomte avait été aperçu la veille et dénoncé aux autorités.) Dollez se présente, par des réponses adroites et évasives, il donne à penser que c'est lui le suspect; on le mène devant le procureur de la commune; là, il se fait reconnaître et est mis en liberté. Il rentre chez lui, espérant que M. Lecomte avait profité du malentendu pour s'évader. La première personne qu'il aperçoit, c'est le prêtre disant son bréviaire dans le jardin. « Malheureux, s'écrie-t-il, vous voulez donc nous faire guillotiner tous. » Le temps pressait, les gendarmes pouvaient revenir, Dollez donne ses habits au proscrit et le fait sortir à la hâte de la ville.

XI.

Dollez resta pendant deux ans médecin titulaire de l'hôpital militaire de Landrecies.

Mais lorsque le traité de Campo-Formio eut donné la paix à la France, Landrecies cessa d'être un lieu de passage pour les convalescents qui se rendaient des armées à l'intérieur et l'hôpital n'eut plus de malades que ceux de la garnison. Un arrêté du ministre de la guerre Scherer régularisa cette position anormale en donnant à Dollez le titre de médecin du dépôt militaire de Landrecies le 10 pluviôse an VI (29 janvier 1798).

Lorsque la seconde coalition ralluma la guerre, le conseil de santé dut s'occuper d'une nouvelle organisation médicale. Il avait besoin de médecins, aussi résolut-il de supprimer les hôpitaux sans importance ; celui de Landrecies fut de ce nombre. On offrit à Dollez le poste d'Ostende, il refusa ; on lui proposa Mons, qui paraissait devoir lui convenir comme plus voisin de son pays, nouveau refus, il ne veut pas quitter Landrecies. Ses amis du conseil de santé,

Corte, Parmentier, Bruloy, lui écrivent lettres sur lettres pour l'engager à partir, et puisqu'il ne veut ni d'Ostende, ni de Mons, ils lui proposent Namur; ce fut inutile. Cet obstiné landrecien finit par l'emporter. Il reçut une commission d'officier de santé attaché à l'hôpital civil de Landrecies pour donner ses soins aux militaires malades admis dans cet établissement; il devait jouir du traitement de chirurgien de deuxième classe (14 floréal an VII — 3 mai 1799).

L'année suivante (12 vendémiaire an IX — 4 octobre 1800), à la demande de son ami Corte, le ministre de la guerre Carnot modifia cette position équivoque. Dollez fut attaché à la place de Landrecies en qualité d'officier de santé de première classe pour donner ses soins aux soldats de la garnison et à ceux qui voyageaient isolément. Il n'obtint cette espèce de faveur qu'au prix d'une nouvelle réduction de traitement.

Enfin, lors de la paix d'Amiens, ses protecteurs ne purent le sauver d'une mesure générale; il fut mis à la réforme après dix-neuf ans de service actif (15 pluviôse an X — 4 février 1802).

XII.

Définitivement fixé à Landrecies, Dollez accepta l'administration de la ville et fut nommé maire le 2 novembre 1802.

Le canton de Landrecies n'était pas représenté au conseil de l'arrondissement d'Avesnes, le nouveau maire réclama vivement contre cette injustice; il obtint satisfaction pour le pays, il fut nommé lui-même membre de ce conseil par décret impérial du 7 janvier 1804.

En 1805, il fut élu par le collége électoral de l'arrondissement d'Avesnes deuxième suppléant de candidat au Corps législatif.

En 1808, lors du renouvellement quinquennal des municipalités de l'Empire, il fut continué dans ses fonctions de
maire.

Si Dollez recherchait les honneurs, c'était moins pour
eux-mêmes que pour se rendre utile à ses concitoyens et
déployer en leur faveur son immense activité. Vigilant dé-
fenseur des intérêts de ses administrés, il résista toujours
aux exigences de l'autorité, lorsqu'elles lui paraissaient
exagérées ; il n'hésitait pas à déposer son mandat lorsqu'il
n'obtenait pas justice. C'est par suite d'une difficulté de ce
genre qu'il donna sa démission de maire le 19 février 1813.

A la rentrée des Bourbons, en 1814, il fut un des trois
délégués chargés d'aller à Paris remettre à Louis XVIII une
adresse de félicitations. Il profita de cette occasion pour
rappeler ses longs et importants services militaires, on lui
promit la croix ; mais les circonstances politiques vinrent
le rejeter dans l'oubli. Il ne reçut qu'en 1821 son diplôme
de chevalier de la Légion d'honneur, pour prendre rang à
la date du 21 novembre 1814.

Lors du siége de 1815, on vit se reproduire en partie les
mêmes faits qu'en 1794 : même courage de la part des habitants, même indiscipline de la garnison, même mésintelligence entre le commandant de la place et la municipalité.
Après un mois de siége, les soldats refusèrent de combattre,
jetèrent leurs armes, demandant à grands cris à capituler.
Le commandant de la place consentit alors à cesser une
résistance devenue inutile, puisque Louis XVIII était rentré
à Paris. Dollez fut désigné pour aller, avec le maire et un
autre citoyen, traiter des conditions de la capitulation.

Pendant l'occupation étrangère, il sut se mettre en bonnes
relations avec les chefs de l'armée alliée; presque tous le
prirent pour médecin. S'il eut à souffrir des exactions de
toute nature dont ses concitoyens étaient accablés, il put du
moins réclamer auprès des supérieurs contre les excès des
subalternes et échapper ainsi à cette foule d'exigences

vexatoires qui inspirèrent à nos populations du Nord la haine du nom prussien.

XIII.

Durant la Restauration, il resta étranger à l'administration et il se livra tout entier à la culture et aux soins de sa nombreuse clientèle.

Il portait dans la pratique médicale la même activité, la même décision, la même rectitude de jugement que dans toutes ses autres actions. Son diagnostic prompt et sûr était toujours suivi d'une médication énergique qui ne laissait pas à la maladie le temps de traîner en longueur. Alliant la prudence à l'hygiène, il obtint même dans les affections de poitrine des guérisons inespérées.

Le premier, il introduisit la vaccine dans le pays ; il eut beaucoup de peine à vaincre la résistance que lui opposaient les préjugés de la population et même aussi l'esprit de routine de ses confrères. Du reste, il ne faisait pas d'opération, suivant en cela les errements des anciens médecins, il renvoyait aux chirurgiens jusqu'aux moindres saignées.

Ce n'est qu'en 1803 qu'une circonstance ayant exigé qu'il saignât lui-même, il en prit l'habitude et il réussit à acquérir, sous ce rapport, une grande habileté ; mais jamais il ne fit aucune opération chirurgicale, il ne pouvait même en voir faire sans en être vivement impressionné.

Sa réputation médicale s'étendait au loin, on l'appelait fréquemment dans les villes du Cateau, du Quesnoy, de Cambrai, de Valenciennes, Guise, etc. Il était devenu le médecin et souvent l'ami de toute l'aristocratie des environs. Les de Lacoste, de Mérode, de Nédonchel, de Ravenaux, de Carondelet, de Montozon, de Champrosé, de Louvencourt, etc., lui demandaient ses conseils, le recevaient chez eux et acceptaient son hospitalité.

Mais ses amitiés nobiliaires ne lui faisaient pas négliger

sa clientèle moins brillante. A cheval dès le point du jour, il parcourait les villages, soignait ses malades avec une affection toute paternelle, leur portant le vin, la viande qu'ils ne pouvaient se procurer, et mettant même sa voiture à leur disposition. Toujours en route dans les affreux chemins de terre de cette époque, il lui arrivait de fatiguer trois chevaux dans une journée. Il avait alors soixante-dix ans.

Esprit gai, généreux, serviable, il recevait constamment une nombreuse société et on peut dire que sa maison était celle de tous ceux qui, d'une manière ou d'une autre, avaient besoin de lui.

Lors du séjour des prisonniers espagnols internés à Landrecies, il distingua parmi eux ceux qui avaient reçu une certaine éducation, profita de ce qu'il parlait facilement le latin pour s'entretenir avec eux et les consoler des ennuis de l'exil, en même temps que, par ses prévenances, il apportait quelques soulagements à leur pénible position. C'est ainsi qu'il chargea l'un d'eux de donner des leçons à ses fils.

En mai 1815, il rencontra près du Cateau un jeune soldat qui allait rejoindre l'armée campée devant Charleroy, exténué de fatigue, il pliait sous le poids de ses armes. Dollez, ému de compassion, le questionne, apprend qu'il est du Cambrésis; il le met sur son cheval, le ramène chez lui; là, il est entouré de soins qui lui permettent le lendemain de continuer sa route. Une circonstance inattendue vint rappeler ce fait oublié depuis longtemps. Dix ans après, Dollez était à Cambrai près de sa sœur malade, un médecin est appelé en consultation. A son entrée, le docteur Faille reconnaît avec bonheur celui qui, en 1815, lui avait donné une si généreuse hospitalité.

Plus tard, dans la déroute de Waterloo, un médecin militaire, M. Hardouin, poursuivi par les Prussiens, ne put leur échapper qu'en traversant à la nage les fossés de la

ville ; il ne connaissait personne à Landrecies, était dénué de ressources, Dollez le reçut comme son confrère et le garda chez lui pendant plusieurs mois.

XIV.

Ses occupations médicales étaient loin de suffire à son activité. Il avait organisé une des fermes les plus considérables du pays et surveillait lui-même ses ouvriers ; à chaque instant ceux-ci tremblaient de le voir arriver au galop de son cheval, suivi d'un grand lévrier, car Dollez était impitoyable pour les paresseux, il ne connaissait pas de repos pour lui-même, il en admettait à peine pour les autres.

Ce n'était point assez de la culture et de la médecine, il avait, au plus haut degré, la passion ou si l'on veut la manie de bâtir. Sa maison avait été détruite au siége de 1794, il la fit reconstruire plus grande et plus élevée. Peu après, il bâtit en face une seconde maison, puis trois autres dans les faubourgs.

Il s'attacha à son maçon, il se fit sa caution lors de la reconstruction de l'hôtel-de-ville, dont il dirigea lui-même les travaux, et huit jours avant sa mort il le faisait encore dîner à sa table.

Non-seulement il aimait à bâtir, mais aussi à planter.

Passe encore de bâtir, mais planter à cet âge !

Ses pâtures se reconnaissaient de loin aux nombreux arbres dont elles étaient couvertes. Il décora sa campagne de charmilles qui n'eurent pas leurs pareilles dans le pays. Partout où il trouvait un terrain trop humide pour en faire une pâture, il y mettait un bois. Cinq bosquets ont été plantés par lui dans les environs de Landrecies.

En 1831, Dollez eut la douleur de perdre la compagne de sa vie ; elle lui avait donné cinq enfants, deux filles et trois garçons. Deux de ceux-ci ont embrassé la carrière de leur père et porté honorablement un nom qui ne doit pas déchoir en passant à une troisième génération.

Si Dollez céda à ses fils une partie de sa clientèle, si peu à peu il diminua l'importance de sa ferme, ce ne fut pas pour prendre un repos auquel son âge semblait le convier.

En 1835, à l'âge de 82 ans, il acceptait, pour la seconde fois, la charge de maire, qu'il devait conserver sans interruption jusqu'à sa mort.

Il était membre et président du conseil de l'arrondissement d'Avesnes. En 1840, sur les réclamations de l'arrondissement d'Hazebrouck et du canton de Maubeuge, le conseil général déchargea ces contribuables et, opérant luimême la sous-répartition qui était ordinairement faite par le conseil d'arrondissement, porta sur le rôle du canton de Landrecies un accroissement d'impôt de 6,000 fr. Lors de la réunion du conseil d'arrondissement, Dollez protesta contre un fait qu'il considérait comme une iniquité et un empiétement de pouvoir. La majorité du conseil ne crut pas devoir s'associer à sa réclamation, aussitôt il donna sa démission et refusa de la reprendre malgré les démarches pressantes de ses collègues et du sous-préfet.

Il avait aussi profité des loisirs qu'il s'était faits pour s'occuper de sciences et particulièrement d'agriculture et de météorologie. Il envoya plusieurs mémoires à la société d'émulation de Cambrai qui, depuis 1807, le comptait dans son sein. Il fut un des fondateurs de la Société d'agriculture d'Avesnes; il en devint bientôt le vice-président (1822), puis le président, après la mort de M. Godefroy (1835). Tous les ans, on le réélisait et, l'année de sa mort, il fut encore nommé président à l'unanimité.

Malgré son grand âge, malgré la distance qui le séparait d'Avesnes, il se rendait fréquemment aux séances. Il aimait cette société, il comprenait que cette réunion d'hommes intelligents pouvait seule, par son influence, ses conseils et ses encouragements, faire apporter des améliorations dans les procédés agricoles du pays.

Dès 1821, il demandait à ce que l'on fit une description géologique de l'arrondissement d'Avesnes, devinant ainsi l'importance au point de vue agricole d'une science qui ne faisait alors que de naître.

En 1841, il lut à la société un long mémoire sur l'hygiène des étables, intitulé : *Observations sur les maladies des bestiaux, les moyens de les prévenir et de les combattre.*

Il soumettait volontiers les idées nouvelles au contrôle de l'expérience ; ainsi il fut un des premiers à employer la la chaux dans les terrains argilleux et humides de notre contrée.

Depuis longtemps il faisait des remarques météorologiques sur chaque année. En 1841, il entreprit des observations météorologiques quotidiennes (les premières qui furent faites dans le pays), jusqu'au dernier jour de sa vie. A l'âge de 92 ans, il se levait encore plusieurs fois la nuit pour aller consulter ses instruments.

Sa vie active lui valut une verte vieillesse : à 91 ans, il montait encore à cheval pour aller visiter ses ouvriers dans la campagne, ou prenant une bêche, il allait travailler dans son jardin. Son intelligence, son énergie ne l'abandonnèrent pas un seul instant.

Il mourut, par suite d'un accident, le 14 février 1845; il s'en fallait de vingt-trois jours pour qu'il eût atteint sa 92e année.

Cédant à l'influence de la société si incrédule, si agitée de sa jeunesse, il avait abandonné en partie les pratiques de la religion ; il y revint dix ans avant sa mort. Le 1er janvier 1845, les autorités vinrent lui faire leurs compliments de nouvelle année et lui souhaiter la prolongation de ses jours. « A mon âge, répondit-il, on compte les jours, » mais mon paquet est fait, le bon Dieu peut m'appeler » quand il voudra. »

Ses concitoyens, en se pressant à ses funérailles, témoignèrent qu'ils avaient apprécié le dévouement de cette longue existence qui leur avait été presqu'entièrement consacrée.

J. G.

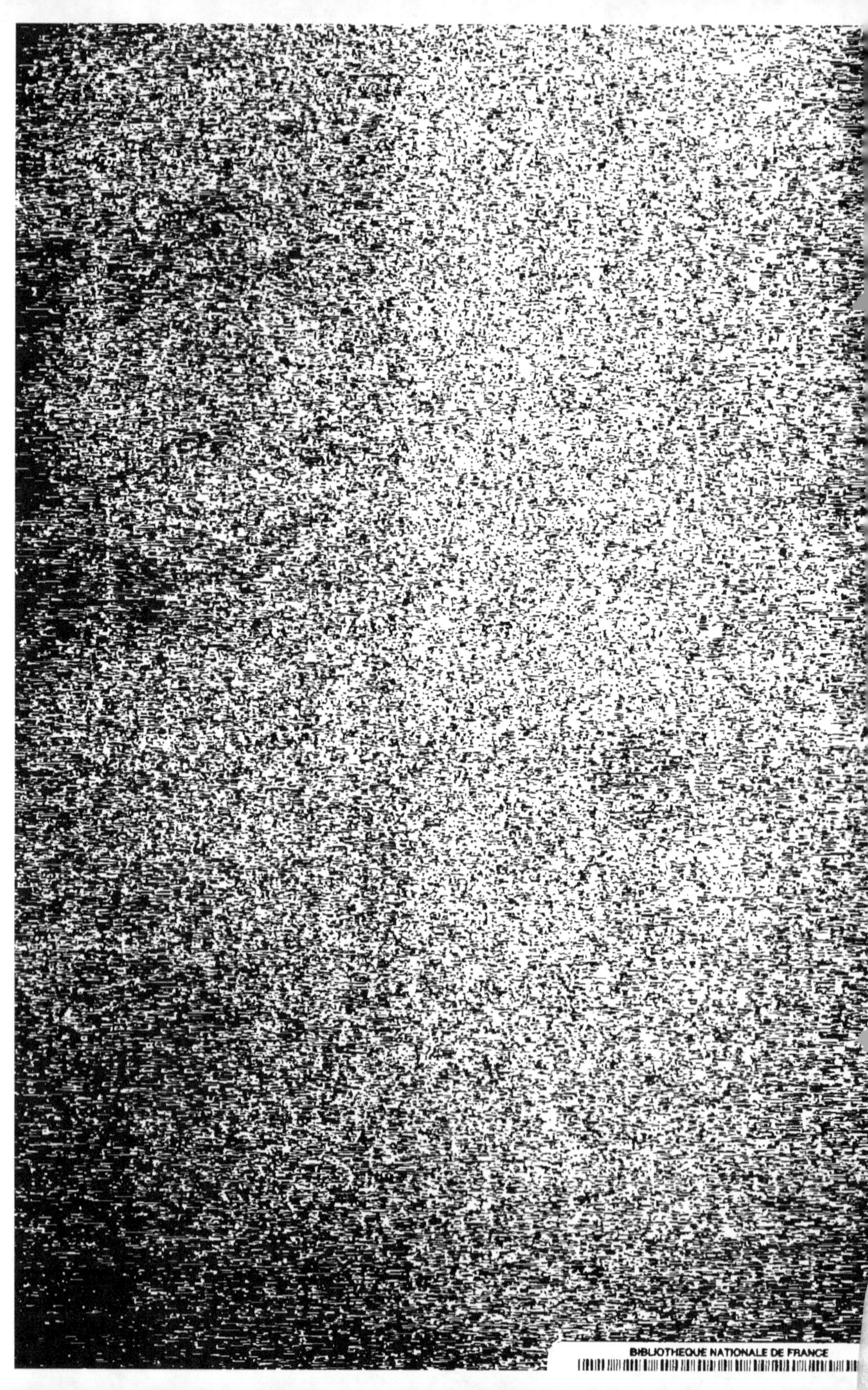